Lisi Schuur und Eike M. Falk

Ein Sommeralbum

© 2017 Lisi Schuur und Eike M. Falk

Herstellung und Verlag:
BoD - Books on Demand, Norderstedt
ISBN 978-3-7448-8881-3

"Wunderherrlich! Wunderprächtig!"

L.S. und E.F.

Den Sommer
einmal im Schweben
einmal vom Kiesbett aus
durchleuchtet
wie durch ein Periskop
wie auf einer Achterbahn
erlebbar gemacht

Kuckucksnester ausheben
im Wald von Schilda
bevor wir
das Bärenfell zerteilen

Einer muss Schmiere stehen
und das Lied vom Tüdelband singen

Ausblick

Bäumt sich der Mai
ein letztes Mal auf
sein Grün ständig blau
zwischen Himmel und Erde
viel Eis im Sonnenbrillenglas
der kleine Fluss
ist voller Spaß und
luftmatratzenvoll
es wird ein toller Sommer

Sonnengespinste

Wilder JasminDuft
im DickichtGrün
kullern Gefühle
von unten hinauf
in die Helle zurück
bleibt
GlücksGeschnäbel
HerzflatterKick

bin ich hier richtig
die Stadt ist verfärbt

ein Vollmondverlangen
unten am Fluss
in zärtlichen Nächten
gipfelt sich Lust
drehen sich Sterne
im IrrwegeGarten
möchte die Liebe
nicht länger warten

das Schilf neigt sich huldvoll
dem warmen Wind

um Stirn und Hals
sind Bändchen gebunden
flattern den Rücken
leicht hinunter
sanfte Wellen lösen sich aus
prickeln die Haut
flüstern
WohligkeitsLaut

in der Nähe des Himmels
das sehnsüchtige Blut

Mädchen
flechten Blumenkränze
RosaWeiße
TaumelTräume
fantasieren
Erdbeereis
voller Sommer
heiß

Bilder erzeugen Stimmungen.
Eine bestimmte Intensität der
Sonneneinstrahlung.
Eine besondere Verteilung der Wolken.
Eine plötzlich einsetzende Windstille.
Wenn jetzt ein Trupp Cowboys über den
Gartenweg geritten käme ---

Schwerpunkt Liebe
Emotionen
deklarieren
Sommermarmeladen
aufs Brot
Lockspeisen
handwarme
nackte Füße
natürlich
bodenloser See
ohne Köpper
hast du eben
Orgasmus gesagt?

Die Liebe
immer die Liebe
kurzatmige Rentner
die auf den letzten Drücker
die S-Bahn erreichen
es geht nach Schulau
dort werden sie im Fährhaus sitzen
die einlaufenden Schiffe begrüßen
Sommerträume
Jugendträume
von Fernweh
Heimweh
vielleicht noch einmal
eine Kreuzfahrt wagen
am Captain's Dinner teilnehmen
mit zittrigen Fingern
das Besteck geraderücken

Immerhin
sagt er so dahin
eine Rose
weiß
...

Es kommt unerwartet.
Die Einstellung hat sich verändert, die
Perspektive neu justiert.
Im Sommer blüht der Hahnenfuß.
Ein freundliches Gelb, das nach Wohlstand
duftet, Bodenständigkeit verheißt.
Setz dich zu mir in den Lehm, sagt der
Hahnenfuß, dann werde ich dir erzählen ...
Und er erzählt von Sommersprossen, die
geküsst sein wollen, jede einzelne, von den
Kindern, die ihre Kanus zum Fluss hinunter
tragen, ahmt deren Jubelschreie nach,
berichtet von den schnüffelnden Hunden,
die stets das Frauchen wachsam im Auge
behalten.
Es kommt unerwartet, dieses Gefühl, dass
der Sommer ausgebrochen sei.

Dass sich die Mäuse einen Geheimgang
gegraben haben, dicht neben mir, dringt mir
nun erst ins Bewusstsein.

Kein Hafen
kein Meer
aber immerhin
mille fleurs
der Wasserfall
der künstlichen Seerosen
klappt heute nicht richtig
die Sonnenbestrahlung
fällt so ungleichmäßig aus
das macht der Akku nicht mit
Solar ist Solar sagst du
und verkneifst dir eine Bemerkung
über die Sonnenuhr
niemanden kann sie mehr täuschen
der Polstab ist abgebrochen
ein Auge zugekniffen
das andere halbweit
hoch in den Himmel
im Wechsel
mit Blick
auf Rittersporn unten
sein Blau
ist Sommer
der Himmel auch

Das Dämmerlicht am Morgen
ein Aufruf zur Unentschlossenheit
es will ja doch noch nicht werden
die Luftmatratzen aus dem Keller zu holen
dachte ich
sei ein guter Plan
ich sah mich schon auf den Wellen schaukeln
zwischen Falster und Bornholm
über mir die Möwen
die lachten hämisch
ich suchte in Ystad
einen sicheren Hafen anzulaufen
da schwammen mir zu viele Leichen
daher drehte ich bei

Es ist gar nicht so einfach
den Sommer anzurufen
der sitzt auf der Mole
kaut an einem Strohalm
zählt die Schiffe
die kommen und gehen

Sein RosaRot liegt auf der frischen Saat
der Kirschbaum hat den Frühling
überstanden
es läuft der Himmel aus
in Ackerfurchen bleibt er liegen
es biegen sich die Halme die der Schnitter
übersah
der Horizont hat sich verschoben ist keine
Plattform mehr
ein Krähennest das sich verlor
Radar ersetzt den Mars
genauer die Geschwindigkeit zu messen
mit der die Kugel trifft
ein Film in deinem Kopf
der unentwegt sich weiterspinnt
bis dir der Traum zerrinnt
du sitzt in einem Boot
der Fährmann ist der Tod
die Zeit ist abgelaufen

Der 1. Juni

dem Kalender nach Sommer
(dem meteorologischen)
jetzt heute
nach dem Sonnenstand
und der Himmel kennt gar nichts anderes
als Blau
Schwan und Schwänin
(schwere Flügelschläge)
wenn sie landen
bekomme ich immer Angst um ihre
Flossenfüße
(das muss doch wehtun)
aber dann machen sie gleich wieder einen
auf erhaben
der Haubentaucher bellt wie ein kleiner
heiserer Hund
(Pekinese?)
das habe ich noch nicht gewusst
er hat es mir erklärt
dann ist er fortgeflogen
Pollenflug ist auch
und der Wind rauscht in den Bäumen
wie der Schnellzug auf dem Weg nach Sylt
Wie nennt man denn jemanden
der mit dem Fahrrad auf dem Wasser fährt?

Na, ist ja auch egal
die Ausflugsboote drehen eine Runde auf
dem See
dann fahren sie wieder auf die Alster hinaus
es wird gewunken
(na schön - ich winke zurück)
das macht die Besucher ganz euphorisch
(später wird erzählt, dass wir Hamburger
freundliche Menschen sind)
ich genieße die Sonne
die Bäume, die sich über das Wasser neigen
und das Wissen, wo es die nächste Eisdiele
gibt

Apfelbaum

Als ob ich nicht wüsste
was in dir steckt
schiebst deine rötlich-weißen Blüten vor
nur noch ein paar
der Frühling
wusste mehr von dir
erzählst mir
von dem späten Herbst
wenn ich mir Sonnentage
in die Bilderrahmen stelle
wie deine Früchte schmecken werden
stell ich mir vor
sind mir im Mund
wenn ich es will
es fühlt sich an
wie Sonnenschein
auf Marzipan

Hab eben noch ein wenig mehr von dir
entdeckt. Die ersten kleinen Äpfelchen.
Sind ganz versteckt. Der Frost erschreckte
sie so sehr.
Die Haare steh'n ihnen zu Berge.

Kannst mich dir vorstellen
inmitten der Pusteblumen
lachen mich hören

einen Erdmantel hab ich mir übergestreift
die Sterne aufzufangen im Flug
die kleinen Kometen

die öffnen sich wie ein Buch
die streuen Geheimnisse über die Welt
in meinem Gesicht kannst du es lesen

Serenade

Der Regen ist leise
das kahlgeschlagene Waldstück
davor der Fluss als Wimmelbild
ein Schiff mit leuchtenden Fenstern
zu weit entfernt für Einzelheiten
im Kopf die Töne der Nachtmusik
realer als die andere Welt
die nicht weiß Akkorde zu finden
uns unbegleitet lässt
irrend auf den Straßen der Großstadt
hierhergefunden mit einem Lächeln
für eine Weile in der anderen Welt
die Zeiger der Uhren vorgestellt
ich bin mir näher gekommen

Im Café

sitze lese ich
atme Sonne
ein aus ein
mehr
und noch einmal
kann nicht genug bekommen
von der Straße
den Bussen den Menschen
die haben es eilig
aber ich weiß
der Himmel hustet nicht mehr
es ist ein Fließen
die Welt ein Strom
das Leben
Stadt laute Gedanken
Siruplächeln
ich sollte mich was schämen
lächele in die Sonne
schmelzbereit
wann kommt denn so ein Tag wieder?
zweimal im Jahr
ist nicht genug
ich betrachte meinen Schatten
die Wand neben mir
gänzlich unbeschriftet

aber nun bin ich ja da
12 Uhr mittags vorbei
ich schreibe schreibe
Worte
unnütze Worte
ein bloßes Tamtam
angesichts der Inseln
die schwimmen im Himmel
würzig
bläst mich ihr Duft an

ich glaube ich nehme den Fetaburger

Wo, wo sind sie hin
Stimmen, die erzählten
Wolken, die sangen Lieder

Wie eine Trennwand
steht der Wald
keilt der Bauplatz sich
zwischen mich und die Berge
doch herrscht Einvernehmen
es blühen
wilde Stiefmütterchen auf der Wiese

staksen die Störche
einer klappert

Die Wiese überquere ich
zum Fluss hinunter
dort finde ich
einen morschen Liegestuhl
Forellen und Krebse
einen Angelhaken
ins Himmelsgebälk

denke dämmere ich

Pendele mich aus
nahe am Lavendelfeld
im tiefen Gras
habe ich meine Decke ausgebreitet
schließe ein Bündnis mit den Käfern
die brummen ohne Standesunterschiede
haben eine Republik gegründet
der irdischen Eintracht in Einfachheit
kennen den lieben Gott als eine
Schlüsselblume
haben den Teufel zur Erdbeere gemacht

Der Himmel ist nicht was du glaubst
der Himmel ist ein Dach aus grünen Gräsern

Aus Liebe
weiß ich dich
trunken
voll Sommer
dabei war gerade erst
Frühjahr
mit diesem
glitzernden Brunnen
in dem als erste
eine kleine Fliege
badete
noch ehe der Vogel
in den Spiegel sah
und sich vergebens
über das linke Auge fuhr

Nach dem Regen

Wenn der Regen vergangen ist
der Regen der vergangenen Nacht
spürst du, was du falsch gemacht hast
was dich verwirrte, deine Gedanken
in die Enge trieb

Es hat sich herausgestellt ein
Morgen danach ohne
Bittermandelgeschmack
eine vollständige Reinheit der Luft
die Partikel, die zu Boden schwebten
bleiben liegen, bilden Humus

den tiefsten Teil der Welt
den du mit Augen siehst

Vorteilhaft wäre
eine Geschichte
die von der Dunkelheit handelt
auch in der Dunkelheit zu erzählen
am besten an einem Lagerfeuer
an einem See

Zum Beispiel die Geschichte vom
entlegensten Ort
und dem Mann, der sich anschickte
diesen Ort zu suchen

Er wurde nie wieder gesehen

Der Nebel
versteckt das Haus
deswegen ist es unmöglich
dass der See
denselben Nebel meint

wenn er in ihm untergeht

scheint der Mond
ein anderer zu werden

sein Bleiches macht
ihm den Kopf so schwer

Dunkel und NichtDunkel
es raschelt die Nacht - schön
ein leichter Regen fällt

Ich esse, ich trinke
in aller Ruhe
rücken die Schatten näher
Beistand zu suchen
an meiner Schulter
ein Tränenmeer

Ich kenne dich nicht mich
habe ich vergessen
ich gehe uns suchen

am Dünenrand, vielleicht
beginnt unsere Reise

Im Gras

in der Ferne
liegt ein Süßes
das zu mir
herüberweht
eine Wolke
rafft die Ränder
weil sie leichter
werden möchte
klappt sie
über ihren Bauch
und löst sich auf
ihre Süße
lässt sie hier
neben mir

Etwas von einem Etwas
oder auch noch etwas vom Spargel?
ein Schiff, das die Küste herunterfuhr
bei näherer Betrachtung
stellte es sich als Containerfrachter heraus

Es blieb trotzdem noch etwas Romantik
übrig

Das Wasser der Ostsee ist vollständig klar
wo es an den Strand spült
kann man die Steine durchschimmern sehen
hier hat noch kein Kind hineingepiet
die Fische springen

munter

und die Möwen kreischen wie gehabt
schlürfen Miesmuscheln
Gourmets sind sie
der Containerfrachter hat beigedreht
zeigt uns seine leuchtend rote Bordwand

in der Sonne so schön

die weißen Segel flitzen mit dem Wind
etwas davon bleibt für uns übrig
auf jeden Fall
und ein Schluck Wasser aus der Flasche
oder haben wir die im Auto gelassen?

Etwas Schöneres habe ich noch nie gesehen

Was?
die Wolke da meine ich
und ein Gefühl
als ob man vom Hades aufsteigen würde
in die Unterwelt
jedenfalls

etwas Überraschendes
ein Etwas von einem Etwas
wie noch nie

Im Garten

Sicher war es Löwenzahn. Die schwarzen
Flecken an der Hand. Überall diese gelben
GrasUnterdrücker. Sinnlos, ihnen den Garaus
machen zu wollen.
Ich weiß, dass man insgesamt sie fassen
muss. Aber die meisten lassen sich nicht so
einfach übertölpeln.
Also dürfen sie bleiben. Sie haben mir ja
nichts getan. Außer schön auszusehen.
Das ist ja nichts Unschickliches.
Das Denken gelingt mir heute nicht recht.
Es geht um dich. Man läuft so ins Leere.
Und lass dieses 'man'. Wer soll das sein?
Was weiß ich außer mir?
Darum ändere ich. Ich laufe ins Leere. Wenn
ich an dich denke. Woran liegt das?
Über einen bestimmten Punkt komme ich
nicht hinaus.
Was soll das für ein Satz sein? Der stimmt
nicht. Der hört sich nur geläufig an.
Es gibt ja immer einen Punkt unter vielen.
Ein Punkt ist begrenzt. Hat sich selbst
eingekreist.

Wenn es denn so wäre, wäre es leicht.
Man geht außen rum, Verzeihung, ich gehe
außen rum, und übernehme die Spitze.
Von was?
Von was. Das ist der Punkt.
Das Gras ist nicht mehr die Wiese, die aussah
wie ein grüner Teppich.
Viele gelbe Inselchen haben sich darin
verankert.

Das Gesicht im Wind
den Schnee der vergangenen Jahre
im Gedächtnis
den Baum
der kahl stand
nicht mehr

Aus dem Park
klopfende Geräusche
wie von einer Uhr
schließlich
steigende
sich steigernde Bässe
schält eine Melodie sich ab
die ich kenne
aber ja -
Open Air
ich hatte es ganz vergessen
die Saison hat eröffnet
eröffnet sich mir - dort
hinter den Baumreihen
- wie lange ist das her -
habe ich auch gestanden

Ich bleibe, lausche
Alan Parsons
Tales of Mystery and Imagination
der Rabe
der Rabe spricht
was er immer sprach
was er sprach
unterm Dachfenster - damals
in der WG gesprochen hatte

Ich stehe
versteinert
eine Skulptur
die Schatten wirft
umschattet
meine Augen
die Nacht hat ihre eigenen Farben

und in der Ferne weiß der Fluss

Sommer Tagebuch Eintrag

Kühler Wind
mindert
SchweißGerüche
wäre das Leben
nur nicht so zwiespältig
mal liebe ich die Nacht
weil die Sterne
kalt blinken
den Tag
weil die Sonne
eine Gebieterin ist
man weicht dem Dunkel aus
fürchtet das Licht
verschenkt Wolken
und findet Glück
im Nebelgrau
Alltagswelt
legt sich auf Träume
vergebliche
Schmetterlingsgaukelei

doch heute
ist Sommer

Ich komme mir unumwunden entgegen.

Ich lege mir die Hand auf den Mund, die riecht nach Rauch und Feuer, nach Ginster, Lack und Heu.

Ich bin auf der Wiese gewesen und habe altes Zeug verbrannt.

Dann habe ich mich ans Geländer gestellt und auf den Fluss hinuntergeblickt, stundenlang.

Ich habe den Bisamratten dabei zugesehen, wie sie ihren Jungen eine Tauchstunde erteilten.

Ein roter Milan strich über das Tal, ich bewunderte seine Spannweite. Die Schwalben jagten den Mücken hinterher.

Es gibt kein schöneres Land als dieses.

Obwohl ich so vieles gesehen habe, kommt es mir vor, als sei ich nur auf Landkarten verreist.

Hier bin ich geblieben.

Ich weiß, was der Fluss empfindet. Heute möchte er alleine sein, wie ich. Darum wird er mich dulden bis der Regen fällt. Ich werde spüren, wie er über meine Wangen rinnt wie Tränen.

Ich ziehe meine Schuhe aus und wate durch den Matsch zurück ins Haus.

Das ist Erde, und das bin ich. Oben, auf dem Dachboden, schläft die Eule.

Ich schaue zum Friedhof hinüber. Ich gehe hier nicht weg.

auf der Wildblumenwiese
den ganzen Tag
im offenen Gefühl
bin ich abends
eingeschlafen
unter einer gläsernen Glockenblume
nachts
den Sommer
nicht zu verlieren
wenn der Mond
die Sonne
zerscherbelt
dass
GlitzerTeilchen
Augensterne
sehen

Sommer vor Augen

verwandelt sich der
Horizont
er wirkt als sei er
doppelt weit
gibt Einblick
in die Ewigkeit
da ist kein Ziel
das näher kommt
nur weitere Unendlichkeit
legt sich in unbewohnte Träume
in deine unentdeckten Räume
ein Kranz aus gelbem Löwenzahn
Kamille wie sie strahlen kann
sind Sommerbilder Seligkeit
Gefühle voller Sinnlichkeit
sind ungeschliffen
Diamanten
nicht eingefasst
in Goldgeschmeide
sind Lichterpunkte
Seelenweide
der blaue Himmel
atmet leise
hauchzartes Weiß
geht auf die Reise

Unterwegs

Eingespeist das Gelb der Rapsfelder
während ich über die Dörfer fahre

rolle Bürgersteige auf
bügele Gedanken gerade
die Gegenwart aus dem Leerlauf zu bringen

in jedem Dorf eine Busstation
ein Wartehäuschen
auf jeder Seite eines

denke mir die Einsamkeit des Winters dazu
die Verzweiflung eines Wartenden
der seiner Liebe flieht
seiner Liebe zufliehen möchte
den Geigenkasten unter den Arm geklemmt
schutzsuchend

schlingernd suche ich die nächste Ecke zu
umkurven
ein schönes Wochenende auch
möchte ich ihnen zurufen
der Schützengilde
die sich aus dem Wirtshaus zwängt
es gibt noch die großen Stücke Kuchen

und die Liebe
die auf einem neuen Stern
ihren Platz einnimmt

es gibt Traktoren mit Rädern so groß
dass es mich schaudert bei dem Gedanken
dass ich darunter geraten könnte
weil sich die Straße wie ein Halbmond biegt
wähle ich die äußerste Schräge

die Alleen dürften bis in alle Ewigkeit so
weiterfliegen

ich baumele mich aus
wie die beiden Nebelkrähen am Straßenrand
unbesorgt und bewegungsmächtig
das bin ich
ein verrostetes Tor ohne Zaun ohne
Gitterstäbe
winddurchlässig

wie ein Löwe
trage ich auf der Stirn ein Zeichen
dass der Tag nicht endet
bevor ein Wunder geschieht

Bilder malen
Worte finden
die spülen sich in den Wind
die stürzen sich
steile Abhänge hinunter
unverwundbare
Klettenbündel
die kein Bordticket brauchen

Bilder
bluten nicht

Bilder male ich
in alle vier Himmelsrichtungen
Erinnerungen
begehbar mache
ich

sehe die Steine
das Licht
unterhalb der Klippen
an die das Meer pocht
Zeichen setzt
die Wurzeln schlagen

In den Verstecken des Stammes.
Wo Augen tasten.
Geisterhände schreiben.
Ein Stückchen Leben hungrig wimmert.
Der Sommer sucht sich unentwegt.
Nur weil er da sein muss.
Ein Sammler, der schon weitersieht.
Die kalte Jahreszeit zu füllen.
So ein Blender. Sonnenschein.
Illuminiert dreh ich mich auf die linke Seite.
Denn rechts will Schatten seine Ruhe haben.
Es galoppieren Sommerpferde. Ich erkenne
ihre wilden Mähnen.
Sie wirbeln feinen Dünensand mir auf.
Dass ich die Augen reiben muss.
Die Spuren sind so schnell verweht.
Dann doch. Der Sommerwind.

Klapptische und Stühle
keine Menschenseele
die Bäckerei wie verwaist
zwar, der Bergahorn gibt sich Mühe
ein Teppich wilder Erdbeeren am Hang

doch keine Verheißungen in der Luft
wo soll ich denn hin mit meinen Gefühlen
wo nur hölzerne Worte bleiben
von vertrockneten Lippen

ich stehe hier
an einem Abgrund des Lebens
in den Schatten gestellt
unkenntlich klein

Es kann nicht sein
dass vom Himmel
Antworten fallen
wir sind nicht
prädestiniert
ihn zu fragen
im Traum
sah ich dich
ohne Flügel
ganz nah
wir versuchten
den Sommer
höher zu legen
trotz Gewittergefahr
kopfüber im Gras
den Regen
als Blitzableiter
genommen
die Schwerkraft
andersherum
gedacht
über ein Schwanken
nur gelacht
dass Träume
Leitern benutzen
wer könnte sie stutzen
....

Dauerregen. Zu nichts Lust. Von einem
Zimmer ins andere gehen. Aus dem Fenster
starren, draußen bewegen sich Zweige, ja,
die können nicht anders, auch die Menschen
nicht, wenn sie nach Hause wollen.
Geräusche gibt es nur von Autoreifen.
Ich könnte den Betrieb einstellen, dicht
machen, die Rollläden runterlassen,
wenn ich welche hätte, ich könnte eine
weitere Runde durch die Zimmer drehen,
einen Fuß vor den anderen setzen, Schritte
zählen.
Stattdessen ---
nein, ein Stattdessen gibt es nicht, es gibt
Gedanken, die ich an die Decke werfe, ich
denke: Hundehütte, und überlege
angestrengt wie ich darauf gekommen sein
mag, es wird wohl nichts als Verschwendung
sein, verschwendete
Zeit und ein Aufruhr der Neuronen.
Kam da ein Klingelton vom Handy her, ein
Zischeln hinter der Tür, ist die Katze der
Nachbarin ausgebrochen?
Ein Zuviel, viel zu viel, die Katze wird
eingerollt auf dem Sofa liegen und schlafen,
so ein Tier ist vernünftig, ich sollte mir ein
Beispiel daran nehmen.

Der Baum steht schief. Das ist nicht ungewöhnlich, jeder Baum entwickelt seine Schrägen. Womöglich sogar schräge Momente. Wir wissen zu wenig über die Bäume, wir lassen sie achtlos stehen, wenn wir sie nicht absägen. Wir stellen fest: der Baum ist kahl. Wir stellen fest: jetzt ist er grün. Dann ist Sommer. Sofern wir nicht den Weihnachtsbaum besingen. Aber gehen wir einmal davon aus - es ist Sommer. Der Baum steht in Grün in vielerlei Grünem. Schief. Ja, der Baum steht schief, weil er neben, dann über einen Zaun hat wachsen müssen. Das hat noch niemanden gestört. Doch nun wird nebenan gebaut, der Baum steht im Weg. Der Baum ist eine Kalamität, womöglich wird es einen Rechtsstreit geben. Ein Gutachter wird vor Ort erscheinen und feststellen: Der Baum steht schief.

Mein Gesicht aufs Wasser gerichtet
der Himmel ein Oberlicht
laut hallen meine Schritte auf dem Steg

Ich bin ein Auge
eine Kamera
hier findet ein Film statt
eine Szene entwickelt sich
Erwartungen
die auf ein Ereignis zutreiben
ein ganz bestimmtes
ein sehr vorhersehbares Bild
eine Leiche
die im Wasser schwimmt
zwischen den Pfosten sich verfängt
ich werde darauf zueilen
einen leisen Schrei ausstoßen
dann wird abgeblendet

seltsam
dass immer etwas geschehen muss
etwas Erdachtes geschaffen wird
sich das Denken niemals verausgabt
erschöpft

selbst vorne am Steg
wenn ich mich setze

was ich gleich tun werde
werden mir Gerüche zu Kopf steigen
werde ich an Brassen und Seesterne denken
an das gegenüberliegende Ufer
das ich nicht sehe
die Orte nicht
deren Namen mir entfallen waren
dann wieder ins Gedächtnis zurückkehren
ein beständiges Wühlen
dass man einen Platz gefunden hat
an dem man zur Ruhe kommen könnte

wenn nicht ein Mord sich ereignet hätte
ein Schiffsunglück
auch ein Suizid wäre denkbar
aus Liebeskummer
oder weil die Bank keinen Kredit mehr
gewährte

Lichtzauber
Lichtflimmer
das Licht blendet ab
Sand rieselt von meinen Schuhen

Die suchenden Bienen
berühren
das schlafende Bild
des Sommers
das immer noch
kalte Grün
die Musik
sitzt im Caféhaus
statt davor
Spaziergänger
winterheiser schalumwunden
statt
sonnengetränkt
unter blühenden Bäumen
fast tut er mir leid
der stahlblaue Himmel
hat sich überschätzt
konnte die Sonne
nicht für sich erwärmen
hätte er besser Polke gefragt
der wusste
dass es Wesen gibt
die der Sonne
Befehle geben
schwarz zu malen
nicht nur rechts oben

Ideelle Vorbereitung für ein Wochenende
auf dem Land

Glasgrün, Graskarpfen
die schwimmen auf der Wiese
bis sie der Jäger holt
es gibt keine Genüsse
außerhalb der Morgensonne
sind alle Waldplätze vergeben
die Pilzgründe besetzt

Sekundenlang
taste ich mich die Bäume entlang
dann schrecke ich zurück
es wächst ein Hase aus dem Feld
ich kann seine langen Ohren sehen
denke, die Kuhweide wird ähnlich riechen
gleichfalls der Hühnerstall

Und immer gehen und gehen
so sanft äugt das Reh
lahmgelegte Wurzeln
Küchenabfälle am See
der besteht größtenteils aus Quappen
endlich ein Gartenstuhl
der lässt mich Fließbewegungen machen

völlig erschöpft breche ich zusammen

Eine kleine Verlautbarung der Stille
von einem Ort, wo die Wolkengötter
keine Blitze schleudern
nicht heute

die Gräser haben sich aufgerichtet
wie die Härchen auf meinen Armen

dies waren die Bewegungen, die es gab
wenn es weitere Bewegtheiten geben sollte
dann solcher Art
Blüten, die sich achtsam öffnen
verstohlene Blicke wagen

die Sonne hat sich zur Seite gerollt

Was würde ich tun, wenn ich nur diesen Tag
noch zu leben hätte?
Nichts weiter als das
und auf keinen Fall einen Schritt weiter
gehen
ich würde Ich-seh-etwas-was-du-nicht-siehst
mit mir spielen
winzige Versteinerungen, Muscheln und
Nautilien betrachten
die sind so lange schon tot
mit denen kann ich mich nicht messen

ich will es auch gar nicht versuchen
ich möchte den Tag bescheiden zu Ende
bringen

Ganz zum Schluss werde ich doch noch ein
paar Schritte tun
und sei es auch nur in Gedanken
ich werde mir ein Eis holen
ich werde mich auf die Bank am Waldrand
setzen
und auf den Sonnenuntergang warten

Das Gras will unter
Brücken bleiben
der Sommer
liegt in vollen Zügen
die Landschaft
flimmert vor Vergnügen
zeigt endlich Sommergrün

Gewittertränen
weint der
Himmel nachts
legt goldnen
Blütenstaub
auf heiße Haut
malt Lichtgespinste
jeder Blitz
geheimnisvoll
der dichte Wald
in der Sichel
des Mondes
tanzen die Elfen
Gedichte für Träumer
schreiben die Sterne
Silberstreifen in der Ferne
als trüge der Himmel Lametta

An der Alster

Um diese Zeit
ist der Fluss ein Bürokrat
der Verfügungen erlässt
ein Verwaltungsfachmann

Mittagszeit
da werden die Gänse
auf der Wiese gemästet
die Gänse
sind Teil des Erlasses

eine Schulklasse
auf Ausflugsfahrt
schlingernde Kanus
helles Lachen
leuchtende Rettungswesten
rot
Kanus grün

das Lachen hat ein Echo gemacht
das springt ins Gebüsch am Ufer

sitze ich

wundere mich
über die Schlieren am Himmel
was sich Wolken doch langstrecken können
wie Autobahnen

Ich könnte mich auf die Reise machen
aber ---
mein Revier liegt hier
mein Bleiben
Stadt - Land - Fluss in einem
zieht seine Linien in meinem Kopf

formt sich Dächer, Steingefasstes,
Baumbestand
ich buchstabiere Lobesworte
ich gehe die Treppe hinunter hinauf
sehe das Leben am Fluss
sehe mich
sehe das Leben schön
es könnte nicht schöner sein

Ich finde einen Wünschebaum

I met your verses
they created memories

Ich wünschte, dass ich
Klassenerste werde

Ich wünsche mir ein Pony
das Elisa heißen soll

Ich lese all die kleinen Zettelchen
selbst die in arabischer Schrift

dann denke ich über meine Wünsche nach

die wünsche ich uns allen

einen Tag gegen jede Erwartung
ginstergelb und die Kirchtürme schief
eine blühende Wiese ohne den Zorn der
Mücken
und ein warmes Licht
das wie die Alster fließt

sind Steine
beweglich
geworden
schweben übers
MorgenMeer
schlafen
mit den Möwen ein
und erwachen
ganz versteckt
in der Sommerwärme

Bei Sonnenaufgang
die Vollkommenheit

Reinheit der Luft
Himmel und Meer sind eins
sind von einer Farbe und einer Idee
der Transparenz des Lebens
Mystik des Seins und Bestehens
der Beständigkeit
in allem Wesen
Belebtheit

in den Rufen der Seevögel
Träume
wenn sie draußen sind

die Wolken haben sich geöffnet
wie ein Buch darin zu lesen
Seiten mit den schönen Bildern
die der Wind zu blättern weiß

helles Blau klingt für sich selbst
leichte Kost die man sich nimmt
dunkelgrau beschwert sich ständig
kommt mit Schauermärchen

hat sich verschanzt hinter
riesigen Wälzern
würde gern tanzen
im goldenen Kleid
zaghafte Strahlen
hat sie gesandt
die kleine Libelle
fliegt übers Land
als wolle sie
alle Geheimnisse
sehen
so oft
bleibt sie stehen

etwas
tropft
sich

spiegelwacklig
glitzerschwankend
perligbunt
sinkt
taumeligem
Grün
entgegen

da ist er ja endlich
der Regen

Am Strand

Der Strand ist leer von Menschen
die Schwalben fliegen, drehen Pirouetten
das Wasser bläst seine Fontäne
ich weiß den Wind unter meinen Flügeln
wie eine Möwe
drei Schritte vom Ufer entfernt
verliert sich der Halt unter den Füßen
schwimme ich zu den Walen hinaus

Eine abgeschliffene Scherbe fand ich am
Steg
diesen Morgen
durchkreuzte die Wiesen
Sand und Steine in Fluss
Kühe, schwankende Weide
im Hintergrund

Das Meer gibt mir von dem Seinen
alltäglich Begehbaren
Fähren sind die Wolken
durchfahrbar der Wind

Inseln steigen auf in der Ferne
langgedehnte Küstenstreifen
Augenblicksschimären

später
leuchtet gelber Sand
blitzt ein Segel
am Horizont
weiße Wogenkämme

Das Licht zerbricht nicht

Schloss Brundlund

Vor der Tordurchfahrt wird ein Fotoshooting gemacht. Ein blondes Mädchen im weißen Kleid, das zwei große schwarze Pferde am Zügel führt. Hufgeklapper.

Ein Mann geht über die Wiese bis zu einer bestimmten Bank. Dort bleibt er stehen, betrachtet für längere Zeit sein Handy, dann kehrt er um. Dreimal hat er das schon gemacht.

Die Frau, in deren Obhut sich das Museum befind, hat sich zu mir vor die Eingangstür gestellt. Ich bin der einzige Besucher.

Wir unterhalten uns in der so eigentümlichen Mischung aus Dänisch und Deutsch.

Wegen des besonnten Lächelns, das über unseren Gesichtern schwebt, könnte uns ein Unbeteiligter für ein Liebespaar ansehen.

Wir lieben die Malerei.

Mir wird das Wesen der dänischen Malerei des 19. Jahrhunderts erklärt. Die Portraits der königlichen Familie zum Broterwerb, die Landschaftsmalerei zum Vergnügen.

Die Landschaft lädt mich ein.

Die Hecken sind sehr sorgfältig, aber unregelmäßig beschnitten. Sie ähneln der Silhouette eines Waldes im Miniaturformat. In den Zwischenräumen sind Skulpturen aufgestellt.

Wohinter ich den Schlossgraben weiß.

Von dem zwei Schwäne mit schweren Flügelschlägen sich erheben.

Ein Echo, das noch lange widerhallt.

Sie werden nun eine Runde über die sanft gehügelte Landschaft von Sønderjylland drehen.

Ich möchte das Leben gerne einmal mit ihren Augen sehen. Die Lockungen des Meeres erfahren, wie die Hälse sich biegen.

Sommergeschichte

Da ist ein ganz anderer Wind
der kann die tollsten Geschichten erzählen
nicht nur die Märchen vom silbernen Regen
er weiß wo die goldenen Berge sind
streichelt vergnügt ihre leuchtenden Gipfel
tätschelt die Wipfel der uralten Bäume
darunter sind Nester in denen sich träumen
bunteste SommerReigen
singen von Elstern mit goldenen Ringen
die sie dem König gestohlen haben
der wohnt in dem Schloss auf dem goldenen
Berg
daneben sitzt ein grimmiger Zwerg
und ruft sein Wort in die schwarze Nacht
Hab Acht
es dringt auch dir ins Ohr
will sich in deine Seele setzen
dass du den Fluch nie wieder verlierst
dich friert es schon
da kommt der Wind
und bringt ein Lied aus rotestem Mohn
wie schön es klingt
als sängen die Engel
von Sommerfeldern

von geduldigen Wäldern
die warten auf Elstern
die Gold verstecken
gleich hintern den Hecken
steht das Schloss

Ein Brief

Nun wird es Sommer
und die jungen Kaninchen spielen im
Gebüsch seitlich des Weges

abends, wenn die Luft rauchig wird
der Duft aber stammt vom Flieder

im Nachbargarten wird Fußball gespielt
wie wir das früher taten
mit alten Blumentöpfen die Tore abgesteckt

ganz viel früher haben wir noch auf der
Straße gespielt
und die Hausfrauen, wenn sie nichts zu tun
hatten
lehnten aus den Küchenfenstern

ich sitze auf dem Balkon und denke über
mein Abendessen nach
Bockwürstchen mit Kartoffelsalat oder
Spiegeleier

die Wahl ist schnell getroffen
Spiegeleier gab es gestern, also sind heute
die Würstchen dran

du siehst, es sind keine kulinarischen
Festlichkeiten zu erwarten
ich würde dich trotzdem gerne dazu
einladen

es ist schnell zubereitet
somit bliebe uns viel Zeit uns etwas
vorzulesen

später könnten wir dann nach den
Fledermäusen sehen
wenn die Amseln ihr letztes Lied verklingen
lassen

dann steht alles still für einen Augenblick
als ob der Tag noch einmal auf sich lauschen
wollte

ich könnte dir eine Geschichte aus dem
Jämtland erzählen
das liegt ganz hoch droben im Norden von
Schweden

Berge gibt es dort, tiefe Seen, Trolle und
Zwerge
es gibt die Mitternachtssonne
manchmal kann man auch das Polarlicht
sehen

das kommt und geht nach Belieben

die Elche stehen im Sumpf mit ihren langen
Beinen
und starren dich an

die Elche sind nicht dumm
du bist ihnen nur unheimlich

alles, was nicht wie ein Elch aussieht, ist
ihnen unheimlich
Angst haben sie aber keine

im Sumpf ist sonst niemand zuhause
so lass uns weitergehen

wir könnten nun etwas Klaviermusik von
Edvard Grieg gebrauchen
oder möchtest du lieber Sibelius hören?

den Schwan von Tuonela vielleicht
Tuonela ist die Toteninsel, und der Schwan
ist ein heiliger Schwan

so entstehen Geschichten
die können sich hören lassen

während der langen Sommertage
im Winter am Kamin

also, wie wäre es?
komm einfach vorbei

Wein gibt es auch

Klettert die Clematis blau
eine Rose ihr zur Seite
sieht den Himmel
durch ein Gitter voller Laub

keine hochgestellten Kragen
die nach Sommer fragen

alles strahlt in voller Sonne
liegt ein Gold auf Ährenfeldern

treibt die Sehnsucht neue Blüten
bettet sich auf grüne Wiesen
prickelt sich
wie Sekt in Picknickkörben

unter Bäumen dehnt sich noch
kühler Schatten
in die Weite
langsam dreht er sich im Schlaf
auf die Sonnenseite

Der Tag darf

Die Vögel singen früh
nein, keine Nachtigallen
gli usignoli
die sitzen anderswo
in den Mandelbäumen

Du hast mich sanft an der Schulter berührt
aufstehen ...
hat dir schon jemand gesagt, wie schön du
bist?

Der Morgendämmer ist ein klarer Bach
darin die Vögel baden

ich weiß

es bieten sich allerlei Wege
die Allee der inneren Einkehr
die Stolpergasse
aber sicher
warum nicht

der Tag darf

Blauer Himmel

So ein blauer Himmel verspricht schon
einiges
die Bankangestellten krempeln die Ärmel
hoch
setzen ihre Sonnenbrillen auf
fühlen sich wie Al Capone

in der Mittagspause ist alles erlaubt

die Krähen denken ans Kinderkriegen
die Röcke werden kürzer
die Augen zu Schlitzen
strenge Eltern werden zum Teufel
gewünscht
Cabriofahren ist angesagt

schöne Füße wandern durch den Sand

jetzt bloß keinen Fehler machen
ein Lächeln hervorzaubern
das Jahrzehnte überdauern soll
glücklich verspielt und voll der Verheißung

Versuch, einmalig

jede Minute eine Welle
und schon die zweite Sonne heute

es wirkt etwas beladen, das Jahr
macht sich Notizen

sitzt auf der Terrasse, die Brille
rutscht ihm von der Nase

hinter ihm quietscht die Tür
der Wind hat sich gedreht

von irgendwoher
kommt eine Melodie geflossen

wenn ich ein Vöglein wär ...
lalalalala lala ...

es sei dem nichts hinzugefügt

Tropfen
verglühen

die Nacht

fängt
weiße
Perlen
auf

Ortsansicht : Kelstrup Strand

Horizontlinie

darüber hinaus
Windrad
(dreht sich)

darunter durch
gelbe Streifen
(Rapsfelder)

davor
die Ostsee
(viel Wasser)
ruhig

das ist beruhigend

längsseits der Bucht
ein Segel
(quer im Wind)

der Wind ist flach
(wie die Wellen)

die Schwalben bauen
ein Nest unterm Dach
(nicht sehr professionell)

(was weiß ich schon vom Nesterbauen)

ausreichend Bier
und Wellen
(kann man nie genug haben)

Augenaufschlag
(dänisches Brot)
schmeckt

sitze am Tisch
entwerfe Landschaften
(werfe meine Blicke aus)

morgen früh kommt das Fischerboot
(tucker-tucker)
und leert die Netze

Alles verblasst
die Sonne
zur Hälfte
das Grün
schon im Blick
Seerosenblätter
wärmen sich
ein Stück
blauer Himmel
in Zweigen
ein Ackerrain
mit rotem Mohn
thront mittendrin
ein Schmetterling
die Sonne
malt mir Muster
auf die Haut
der ganze Himmel
apfelgrün
die Sonnenbrille
täuscht
geräuschlos
gleitet
ein Segelflieger
Gedanken
ziehen
weiter

Im Moor

Es könnte an den Birken gelegen haben
vier Birken
die aus einer herausgewachsen waren
(so sah es aus)
die standen im Moor
und bildeten einen Kreis
hielten sich bei den Händen
tanzten einen Ringelreihen
in der Sonne
und die Fliegen brummten
wir hatten 21 Grad
ich war allein
der Kuckuck rief
(ich hörte nicht auf ihn)

die Wolken hatten sich festgezurrt
die Wiesen jenseits des Moores
waren in Schlaf gesunken
vielleicht träumten sie
vielleicht dachten sie auch
wie ich
aber ---
was dachte ich überhaupt?

es könnte ja sein
dass alles nur Einbildung war
wie dieser große rote Käfer
der eben hier vorbeigeflogen kam

könnte ja sein

Zufrieden

Fügt sich zusammen
ein Mosaik
aus Wellen des Meeres
Stück für Stück
verschwinden
die Inseln
der trüben Gedanken

sind Schleier
am Himmel erschienen
sehn wie
Kometenschweife aus
über mir wilde Schwäne
auf ihrem Weg
nach Haus

Den Sommer dazu

womit ich natürlich diesen Sommer meine
den Jetzigen
frühere Sommer haben ausgespielt
spätere werden ihre Zeit haben
das ist Zukunftsmusik

es ist der jetzige Sommer
der blinzelt mich an

aber ...

den Sommer dazu ---

zu was?

der Sommer kommt ja so oder so
gerufen hab ich ihn
ja, und dann

macht er doch was er will
kommt angehüpft
wie ein hungriger Spatz
setzt sich auf den Stuhl neben mir
natürlich soll er sein Stück Kuchen haben

aber ich wollte ihn doch ---

ja, für den Spatzen
aber auch für mich
eine Melodie, vielleicht
nichts für die Ewigkeit
nur so - zur Begleitung
am Rand
während eines Gespräches
einer Betrachtung
der jungen Frau Glück zu wünschen
die ihr zweites Kind erwartet

das alles
sage ich mal so
für den Sommer dazu
mit viel Platz für die Liebe
an Nachmittagen
die auf Brücken sich verträumen

dieser Morgen
wie er mich schon
in der Frühe becirct
mit Flötentönen
schmachtet
nach Erdbeereis
vor Museen
als Violine in Cremona
strahlen Lichter
Glanzbildchen in die Luft
schimmern alle Strukturen
wie LibellenGlas
darunter Zärtlichkeit
schwebt
roter Mohn
sanft
in deinem Mund

Zum Sommer

ausgerichtet liege ich auf der Wiese
ein Mensch
der dort nicht hingehört
nicht wirklich
nicht in dieser Position
als Schnitter (ehemals) mit der Sense
den Trecker lenkend
doch nicht so
(hoffnungslos romantisch)
meine Hose wird grüne Striemen haben
(hoffentlich bekommt die Waschmaschine
das raus)
von Mücken umsurrt Käfern
pittoresken Geschöpfen die
in der Sonne schillern
mit der Erdkrume verwachsen
ein wenig unheimlich mir erscheinen
(beißen die?)

Ich habe ein Buch dabei
richte mich auf
lese: ich bin ---
ja

ich bin dieser Mensch
(das ist doch wohl etwas)
je tiefer ich blicke
das Gras

Ein Wind geht durchs Gras
der weist keine Richtung
der reicht dem Gras nur die Hand
ich höre Hundegebell
fürchte um Reh und Hase
(instinktgemäß)
doch entfernt es sich wieder
entfernt sich die Sonne
(auf Zeit)
zieht sich hinter die Wolken zurück
ihre Notdurft zu verrichten

Ein Lächeln huscht über mein Gesicht
darum
(aber warum auch nicht)
sind wir doch alle Glieder einer Kette
Zusammenhalt und Zusammenhang
ich hier drunten
habe meinen Platz gefunden
besinne mich

spreche das Wort: Empfindung
aus
(das war mir verloren gegangen)
was ich sagen wollte
dass ich mich fand
es gibt solche Tage

Kanal 33

Offen gestanden - sie sind überfordert
die Mädchen, die im Restaurant bedienen
sie haben auch einfach zu viel zu tun
die Lage ist gut
gleich neben dem Fähranleger

Die Mädchen sind überfordert

Wer draußen sitzen will
muss für sich selber sorgen
Essen und Getränke
am Tresen abholen
die Schlange wächst
die Gäste nehmen es mit Humor

'Übermorgen!' ruft mir ein Biker zu
als ich ein Sauerfleisch bestelle

der Mann wird wissen, wovon er spricht

Ich bekomme mein Essen aber doch
nachdem ich ein erstes Bier getrunken habe
taucht es auf wie eine Fata Morgana
schnell bestell ich mir ein neues Bier dazu

Es sitzt sich einfach zu schön
auf der Wiese, unter den großen Schirmen
die Störche fliegen darüber hin
die Schwalben zwischendurch
die Spatzen baden im Sand
und tschilpen vor Vergnügen

Ein älteres Ehepaar
umwandert die aufgestellten Motorräder

Vor einer dreirädrigen Honda bleiben sie
stehen
'Die ist aber schön geputzt!'
vermeldet die Gattin mit Kennermiene

'Die Frau versteht, worauf es ankommt!'
lacht der Fahrer vom Nebentisch

Ich könnte noch ein Eis vertragen

betrachte mit Andacht
das Ende der Schlange

Es ist einfach zu schön!

Kornblumen

blaue Lichter
im
goldenen Haar
roter Mohn

unübertrefflich

Als Paula Becker über die Ebene ging

in einem Juli, nahe Worpswede
der Himmel blau, betupft mit weißen
Wolkenbauschen
da hat sie an Knut Hamsuns 'Pan' denken
müssen
den sie gelesen hatte
wie sie auf der Heide in der Sandkuhle lag

da hat sie an den Tod gedacht

wie sie über die Ebene ging
wusste sie mit einem Mal
dass sie nicht lange mehr zu leben hätte

sie hatte es eingeatmet
mit dem Heu
mit dem Mädesüß
mit dem Knabenkraut
der kleine Fuchs hatte es ihr zugeflüstert

wie sie nun stand und sah
erschien das Leben ihr als ein rauschendes
Fest
dessen farbenfrohes Treiben es aufzusaugen
gelte
mit allen Sinnen

sie wandte sich zur Böschung hin
und pflückte einen Strauß von bunten
Blumen

sie würde einen Kranz daraus binden

Jahr

das Jahr
hat sich zur Hälfte erfüllt

in den Nestern
sitzen die jungen Vögel

das Rot der Mohnblüte
ist nicht die Farbe des Blutes

der Tod
ist den Menschen so nah
wie jedes Tier

im Sterben

später
leise werdend
ohne Ton

Schmetterlinge
berühren
dich leicht
ein
VergissmeinnichtZeichen
trägt
Fantasie
aus
Plasmawolken
haucht sie sich aus
weitet sich
zum
SonnenSturm
Echogeläute
der Küsse
im Turm
erzählen sich
Glocken
Sommermärchen

Blaues Pferdchen

Nur ein paar Wünsche
(nichts Besonderes)
sitzen an der Tischkante
aufgereiht
wie lächelnde Engel
nun gut ---
ein blaues Pferdchen
ich wüsste jetzt nicht warum
aber bitte, bitte ...
ich möchte keinen Streit anfangen
die Welt lässt sich so
oder so betrachten
man könnte auch Tiger
und Zebras vermischen

der Nachmittag ist angebrochen
neue Luftmassen strömen herein
die Wolken feiern Orgien des Vergessen
lassens Loslassenkönnens
ich fülle meine Lungen
mit Düften der Haltlosigkeit
meine Augen bahnen sich einen Weg
ins Resedagesträuch

ich verzichte darauf wild um mich zu
schlagen
reiche jedem Regenwurm die Hand
viele sind ohnehin nicht übrig geblieben
Unschuld sieht anders aus
aber das Vogelgezwitscher auszuschalten
verbietet mir die gute Erziehung

Um auf das blaue Pferdchen
zurückzukommen ---
es trabt über die Wiese
vergnügt
es ist mein Kalenderblatt des Monats Juni
ein rotes Pferdchen ist auch mit dabei

ich erkläre mich für unzusammenhängend
unzurechnungsfähig blausüchtig
wolkenumschlungen

aber ganz entschieden

Vor dem Gewitter

Vielleicht dass Blüten in die Gläser fallen
dass alles ganz versonnen wirkt
weil Regen fällt der keine Rücksicht nimmt
auf ungestillten Durst
der Rest der sich erzählt in bunten Bändern
die übrigblieben von Geburtstagsfeiern
der Herr der ganz durchnässt am Fahrrad
lehnt
bestellt sich erstmal ein Glas Wein
den Frust zu löschen
sind alle Vögel außer Sicht
die Sonne blendet nicht sie sticht

Seezungen

Die Augen wissen genau was sie wollen.
Fangen sich den blauen Flieder ein.
Und was sagt der Himmel?
Alles bereit.
Die Hunde lassen lange Zungen hängen.
Dann geht es an den See.
Tief durchatmen.

Luftmatratzen aufpumpen.
Das Bier kaltstellen.
Der See hat 17 Grad.
Nee, 19 mindestens.
Ist auch egal.
Kalt genug.
Bier rein.
Wir gleich hinterher.
Kalt. Kalt.

Kein Wind.
Das lässt den Schilfsaum schlafen.
Die Enten haben die Köpfe ins Gefieder
gesteckt.
Grillfleisch mit Marinade.
Dicker Rauch kommt übers Wasser gerollt.
Hunger!

Und einige Sätze für die Ewigkeit.
Die Geometrie von Fischschuppen
betreffend.
Ob es hier wohl Seezungen gibt?
Selber eine ...

Und morgen schon wieder die Arbeit.
Übermorgen soll es Regen geben.
Heute ist der Himmel noch entsetzlich blau.
Und überall verliebte Paare.
Was den Tag denkwürdig erscheinen lässt.
Unsterblich.
Sieh doch nur - diese verklärten Blicke!
Da heißt es kühlen Kopf bewahren.

Sag doch noch was ...
Für die Ewigkeit?
Für die andere Seite des Planeten.
Fischfrikadellen, da hätte ich jetzt Lust drauf.

Es ist fast Juli
seit wenigen Tagen
Modergeruch
über dem Teich
welkende Seerosenblätter
atmen sich aus
eilig der Wind
hebt wie unbeteiligt
ein noch grünes Blatt
streift im Vorbeigehen
eine Libelle die lichtbeflügelt
auf der Stelle zittert
mein Herz
gedankenverloren
letzter Tag im Juni
sommerverbraucht

Mittags im Park

Die Krähen wissen, was Sache ist
wippen abseits im Gras
eine Gruppe Schulkinder lagert
am Glascontainer
davor die Lehrerin
es werden Erklärungen ausgegeben
ein Kind hebt die Hand
Blätterrauschen
Radfahrer auf der Brücke
ich betrachte die Kronkorken
die vor mir in die Wiese eingetreten sind
wenig Becks und sehr viel Astra
die Penner auf der Nachbarbank nicken mir
freundlich zu
die Besiedelung der Städte ist noch lange
nicht abgeschlossen
die Sonne spiegelt sich auf dem See
der Wind macht Kräuselspuren
die Gänse zeigen ihren Jungen wo es Futter
gibt
die Kirchturmuhr hat Zwölf geschlagen
ob das wohl Mauerpfeffer ist?
ich knips mal eben ein Bild für dich

Wehmut im Geigenkasten

nur so als Gefühl
es braucht ja keinen Grund
in die Bäume zu schweigen
hat noch keiner Blaumeise geschadet
die singt
ich schweige

morgen
kann es selbst mit dem Schweigen vorbei
sein
wenn Arkadien den Löffel abgibt

was nicht geschehen wird
denn in Arkadien regiert der Tod
und der stirbt nicht
lässt auch sein Reich nicht untergehen

ich male Fingerspuren in den Sand
häufe Steinchen aufeinander
baue eine kleine Pyramide

ich creme das Gesicht mir ein
bevor die Sonne es noch mehr verbrennt
alle Kerben dichter zeichnet
es ist mein Leben

ich gebe ihm noch ein paar Jahre
warum nicht

denn in Arkadien bin ich
gut aufgehoben
mein T-Shirt verschwitzt
ich steck mir noch eine Zigarette an

eine Frau steht weinend auf dem Weg
sie hat ihre Arbeit verloren
ich höre
wie sie mit dem Arbeitgeber spricht
sie fleht
sie bittet
Ihr Weinen will kein Ende nehmen

ich sitze auf der Wiese
zupfe mir
noch etwas Wehmut in den Geigenkasten

was weiß ich schon

Deinetwegen wächst der Sommer
riesengroß
trinkt Hollersaft aus weißen Kelchen
legt Süße die sich unentwegt in Honig wälzt
in eine Luft aus Belladonnen
das alles Gold der übergroßen Sonne
in Büsche voller Ginster fällt
dass Thymian neben Salbei
LavendelLeuchten in Gärten
und blau und blau in mein Gesicht
dass meine Augen darin ertrinken
sink ich in Kissen magisches Moos
zu spüren wie riesengroß dieser Sommer

Gedanken am See

die sich zu Gegensatzpaaren formen

Eintrag ins Verkehrssündenregister
oder Aussicht auf die Sterne
Aussicht auf den See, wo die Teichrosen
blühen
im Schatten wurzeln die Bäume wie
mächtige Muskelstränge

Ausgleich schaffen

die blauen Libellen
die sind noch ganz klein
trocknen ihre Flügel auf den Halmen
während im Hintergrund die Frösche quaken

die Wanderer tragen Sonnenhüte
Moin!
Moin!

Worin Zufriedenheit liegt

der Holunder dehnt sich üppig aus
darunter die Brennnesseln

schon muss ich am Daumen lutschen

der helle Kies auf den Wegen
blendet wie Wüstensand
die umgestürzten Bäume
die ins Wasser kriechen
vorsichtig
einen Fuß vor den anderen setzen

grundlos
bauscht sich der Fieberklee

wenn ich den Kopf in die Sonne hebe
kann ich meine Wörter flimmern sehen
kann sie noch wispern hören
über der Weide
flattern sie davon

Wie spricht ein Traum

Er hat die Wurzeln
nicht vertieft
nur oberflächlich war
ein Halten
ist keiner
dieser
unerschütterlichen
Bäume

ich träume
bin eine BirkenRinde
und lasse mich
verbiegen
dehn meine
weiße Haut
dass man mich
schälen kann

kann man im Traume lügen
wenn man von Liebe spricht
ich weiß es nicht
es leuchtete
der rote Mohn

als könne niemals er betrügen
dabei schien er so welk wie tot
als läge er schon längst wie ich
als läge er in letzten Zügen

Ich wollte sein wie der Fluss
in allem, was daraus fließt
über glatte Steine, schroffe Felsen
ein kristallklarer Fluss des Morgens
unter Bäumen, schattig
der das Vieh tränkt
Kinder laufen mir zu
Nachts flüstern die Liebespaare

die Städte öffnen mir ihre Tore
ihre Türen die Menschen
deren Gedanken sich regen
in meinen Armen

Baum und Blatt
Rose, Stein
Tisch und Anker
Wort und Werkstatt
ich, das alles

Warum ich dich liebe

Ich lieb dich nicht darum
ich liebe dich darum
weil ich dich liebe
darum lieb ich dich

was soll ich denn machen
dass ich dich liebe
bleib nicht so lange
ich möchte dich sehn

du weißt ich vermiss dich
bin ohne dich traurig
weil ich dich so liebe
mit jedem Tag mehr

ich bin so verliebt denn
es geht gar nicht anders
nur weil ich dich liebe
bin ich so verliebt

ich weiß ich bin närrisch
ich kann es nicht ändern
ich muss närrisch sein
ich liebe dich so

Es erscheint nicht mehr
als das was es ist

ein Rückzugsort
für die Entenmutter mit ihren Kindern
tausend Libellen
einige hundert Frösche

ich habe es fotografiert
ich könnte es malen
es fände seinen Ausdruck nicht
in Worten

wie ich an der Brücke stand
am Wehr

wie die Entenmutter ihren Kindern
wieder Auslauf gab

das Leben ist so klein
und nachts kommt der Marder

Abends ziehen die Krähen ihre Kreise in der Luft, nicht weit von unserem Haus, ich kann sie sehen, wenn ich ans Fenster trete, zu hören sind sie vorher bereits, abends, so um acht herum, da kehren sie zurück von ihren Raubzügen in die Stadt, sie drehen noch zwei, drei Runden, rufen sich Scherzworte zu, für Erlebnisberichte ist später noch Zeit, wenn es ans Schlafen geht, in den Alleebäumen, die ihre Heimat ist.

Das zu wissen, wenn mir die Nacht fremd kommt, und ich mich unruhig im Schlaf bewege.

Die Blumen singen
zarte Lieder
der Wind schrieb
Noten ins Gefieder
kleiner Meisen
die Bienen
summen leise mit
man hört sie kaum
ganz schwindelig
taumelt ein riesengroßer Käfer
durch das Gras
schaut hier und da
als säße etwas
das er kennen müsste
dabei ist's nur die Sonne
die das Gänseblümchen küsste
ich möchte auch
rief da der Käfer
das ist vielleicht ein Knilch
in Wirklichkeit ist er ein Bilch

Regen kündet sich an
wohl eher ein Gewitter
eine heftige Entladung
schon ballen sich die Wolken
da steigt mir ein Duft in die Nase
der lässt mich an Frankreich denken
eines der vielen Frankreichs
die mir in Erinnerung blieben
wir waren damals ständig in Frankreich
unterwegs
mit unserem alten Zelt
das nicht besonders standfest war
sehr dicht war es auch nicht mehr
und wenn ein Gewitter kam
so wie jetzt
da sind wir in den alten Käfer geflüchtet
der war so richtig alt
und Wasser zog er auch
aber nicht so wie das Zelt
da haben wir dann drin gesessen
und geraucht
L & M, aber die Amerikanischen
oder Kent
ich glaube, es werden die Kent gewesen sein
und das gab genau den Duft
den ich jetzt in der Nase habe

das Rauchen war noch ganz neu für uns
wie alles
wie das Reisen
wir beide, allein
was Freiheit bedeutet
dieser Duft
und die beschlagenen Scheiben
das Prasseln des Regens
aufs Blech, gegen die Windschutzscheibe
kaum dass man die Musik noch hören
konnte
vom Kassettenrekorder
Aqualung
und dieser Duft
dieser ganz besondere Duft

Siehst du sie auch
die Morgenschwalbe
sie fliegt in den Himmel
ich folge ihr nach
in meine Augen legt sie
den Schnee der
üppigen Wolke
mir zu entgleiten
sucht sie das Blaue
mischt sich
mit weißen FlugzeugStreifen
streckt sich in ihnen
Ruhe zu finden
taucht in das Schiff
mit den weißen Segeln
lässt sich treiben
im Sommerwind
verliert sich SchwarzWeißes
bunter zu sehen
Blumen in flirrender Sonne

Schön, sooo schön!
Ist doch wirklich nicht zu fassen
erst wässert einem der Sommer den Mund
dann gibt es Regen
dabei könnte es so schön sein
mit offenem Verdeck
über die Dörfer fahren
zum Fluss hinunter
Grimassen schneiden
bis der Brief kommt
von der Polizeibehörde
'Ihnen wird vorgeworfen ...'
aber das Bild ist einfach zu schön
sooo schön

Nein
das würde ich ihnen nicht empfehlen
mit dem Mountainbike
über diese Wiese da
das ist nämlich ...
Moor
wollte ich gerade sagen
aber - da war es schon geschehen
nein - ich helfe ihm nicht
sich wieder auszubuddeln

ich enthalte mich auch
jeden Kommentars
obwohl es einfach ...
nein
ich sage jetzt nichts
verweigere jede Aussage
bis der Sommer wieder kommt

es kann sich nur um Stunden handeln

Der Sommer fügt
weiße Kamille
ins Bild reifer Felder
unweit der Bach
in die Wälder führt er
mit leichtem Geplätscher
das morsche Holz das ziellos treibt
in welchem Fluss es liegenbleibt
vielleicht beschnuppert wird
von Schleien schnellen Barben
ist vorbestimmt
in Überzahl die Disteln
Kletten die in Hundehaaren kleben
InsektenLeben in Bärenklaudolden
zwischen den Grannen
spielt der Wind
beschwingte Musik
hohe Zeit für Inspiration
noch sind die Felder golden

Himmels:Schau

So: jetzt: hier
stell dich an den Rand des Weges
der Horizont ist weit
auch: von der Bank aus
(falls du bequem sitzen möchtest)
oder: hast du eine Decke dabei?
dann leg dich auf die Wiese
(das ist noch vielviel besser)
Augen: auf
oder geschlossen halten
es geht beides
noch besser: abwechselnd
im Dunkeln: kannst du auch am Tag
das Sommerdreieck sehen
(Wega, Deneb, Altair: ist wirklich wahr)
dann öffnest du die Augen wieder
und siehst betrunkene Wolken
die mit dem Bollerwagen
über die Heide trecken
(wie am Vatertag)

Vorsicht: jetzt kommen Gefühle
dass dir das Herz nicht stolpert
schwebt ein Luftballon vorüber

da: staunst du aber
es sind die reinsten Geheimnisträger
und: hier liegt es sich gut
(natürlich: war die Wiese deine Wahl)
wenn es jetzt Kuhglocken gäbe
Grashalme: gibt es zuhauf
damit wolltest du jemanden
an der Nase kitzeln
na: aber
da: schau

Ein Ausflug

Wir sollten noch einmal Spargel essen
die Saison wird bald zu Ende sein

Hast du gehört?
bezahlbarer Wohnraum ist knapp

Was für ein Witz ---
hat sich daran jemals was geändert?

Wir werden wohl auf unsere alten Tage
wieder Häuser besetzen gehen

Siehst du den Baum da?
wenigstens einer, der in diesem Land
Standfestigkeit bewahrt

Nur Vorsicht ---
da, wo er jetzt steht
könnte man locker noch
einen Wohncontainer zwischenschieben

Für Bäume hat sich schon lange
keiner mehr angekettet

Ob wir wohl mal wieder nach Gorleben
fahren
nur so ---
nachsehen, was der Wald so macht

Und ob die Pole unten oder oben
schwimmen
Eisberge, doppelt so groß wie das Saarland

Aber wir haben ja Beton
und Braunkohlekraftwerke

Und die Erkenntnis
dass Rauchen schädlich ist
wenn man nur
das Atmen einstellen könnte ---

Wie schön, dass der Unsinn niemals endet
in 24 000 Jahren nicht

Sommerwiese

Besieht sich den Sommer voll Gartenlust
so ein Frust
ruft er aus
den Rasen betrachtend
wollte so gerne
ein Weilchen liegen
den Himmel in Träumen überfliegen
mit Wolken spielende Tiere
einfangen
stattdessen
die langen Halme
der Wiese
sieht die mürrische Luise
weiß was er tun muss
sie zu erheitern
möchte mit ihr
gern den Sommer erweitern
entschlossen schärft er
die Sense
die Fiese
dem Gras die Spitzen
zu nehmen
Luise ...

Mitbringsel vom Land

Die Souvenirs vom Spaziergang sind sicher verstaut, die weiße Gänsefeder, und die schwarze von den Krähen. Ich habe auch noch Tinte zu Haus, da könnten wir uns eine Geschichte ausdenken, vom Pfarrhaus am Fluss, von Klopfgeistern und dunklen Gestalten, den einen Teil in schwarzer, den anderen mit unsichtbarer Tinte geschrieben (da soll uns einer erst drauf kommen).
Wollen wir noch einen Blick in den Laden werfen? Es heißt, sie machen eine berühmte Marmelade, verführerisch, Quitten und Stachelbeeren, ganz sicher ein Fläschchen Schlehenlikör, und Obstwasser (das klingt so vertraulich) zum Anheizen für die Geschichte.
Ich mag es, wie die Leute hier reden, sie sagen nicht: ich war gestern betrunken, sie sagen: ich hatte einen im Tee (aber nur einen ganz leichten), und dann zählen sie es her, also, ich muss schon sagen, ein robuster Menschenschlag (mit Understatement gesegnet).
Wir könnten auch noch Wurzeln und Kartoffeln gebrauchen.

tragen Wolken
Möwenkleider
ungezeichnet jung
die Erinnerung
nimmt Schleier vom Gesicht
schreibt Silberleichtes
ins Gedicht
der nachgeholten Nächte
zartes Erwachen
trinkt das Lächeln
der Morgensonne
überreich legt es
sich weich
in frisches Moos
Gedanken werden
sich langsam los
beginnen die Reise
verlieren sich
leise
im neuen Tag

Unwiderstehliche Tage auf dem Balkon
Gedichte lesen
Wäsche trocknen
mit der Nachbarin schwätzen
die Kinder erzählen von der Kita-Fete
die Rollrutschen waren das größte Erlebnis
ich lasse mir alles erklären
verteile Eis am Stiel
das Radio spielt 'Me enamoré'

so kann man tanzen lernen
und die Liebe erleben
braucht sich gar nicht bewegen
nur die Augen schließen
schon beginnt es zu schweben

Sommertag: Unterwegs

Längs der Kanäle
Ritterspornnester
postmoderne Bürogebäude
vereinsamte Spielplätze
Sonnenflecken
Gesichter
wie angeschirrt
zur Seite gewandt
verstimmt

wenn es weiter nichts ist

wo Schritte sich verlaufen
vereinzelte Motorengeräusche
den Vogelruf unterbrechend

fließt ein blaues Band
aus meinem Mund
flattern
Frosch und Molchgesicht

es könnte sogar geschehen
dass ich in kommender Stunde
ein Bild der Ewigkeit finde

da sich der Himmel die Brust aufreißt ---
schmerzliches Blau
Aquamarin der Adern

wenn ich es recht bedenke ---

wird keine Bedrückung aufzuheben sein
ich müsste nur lernen
warten zu können
wie eine Hummel
bereit für die Sonne

dass ich diesen Tag durchstreife ohne Eile
dass ein weiteres Licht sich ergießt
zeitlos
ohne Begrenzung
ich male Worte hinein
singe den Bahnsteigen ihre Lieder

in alle Richtungen
sich
verteilt
unübersehbar
Sommer

taucht
wolkenloser Himmel
deine Augen
in sein
Blau
warmer Wind
Lavendelduft
auf die Wiesen ohne Tau
legen Träume
Sommerlust
leises Ahnen färbt
Kastanienblüten
rötlichbraun
hinterm Zaun
der große Baum
trägt seine Früchte
erst im Herbst

Regen Wind
zwei Atemzüge Sonnenschein
Hunde Tauben Kinderwagen
Trosteinsamkeit
halte mein Haus in der Hand
in der anderen verglimmt der
Zigarettenstummel
Was Wann Wo
mein Tagasyl das Einkaufscenter
niemals verstummen die Sprachen
Lärm an allen Ecken
Werkstatt des Lebens Gefühls
hinter den Schaufenstern Knallbuntes
Plüschetuis fürs Handy
Gießkännchen Himmelsöffner
endlich unendlich und
bis zum Abenddämmer
wie Alice hinter dem Spiegel
rastlos glücklich ---

Was einfach ist:
den Himmel zu loben
wenn die grauen Wolken
fortgezogen sind

was ungerecht ist
doch gibt es Lieblingsfarben
und die Lust in die Sonne zu blinzeln

Trost

ein nächtliches Meer
mit Klippen am Ufer
gebettete Träume in
Säumen der Muscheln
Inseln liegen wie
Rettungsanker
für Seelen
die Stürmen
nicht standhalten können
ein nächtliches Meer
das zärtlich genug
dich zu umfangen
nach bangen Stunden
die Tränen zu trocknen
nach einem schwarzen Tag

Montagvormittag, nicht ungewöhnlich

Sturmtief
voraussichtlich
für Übermorgen
habe ich mir
nichts vorgenommen
als Farben zu mischen

Wie ich die Tür öffne
ihn lächeln sehe
wie ein kleiner Vogel
schüchtern
ich
nach seinem Befinden frage
wie soll es gehen
der Rollstuhl funktioniert
die Brombeeren
stehen in Blüte

Engel ohne Flügel
die Kastanien
noch ohne Miniermotten

Auf meinem Weg
liegen Gesichter
offene Lagerhallen
Palettenstapel

hier und da
eine Aufforderung
zur Tat

Und alle wissen sie nicht was sie tun
wie die Floßgesellschaft bei Eichendorff
komplett irre
mitten im dicksten Verkehr
höre ich das Waldhorn blasen

Ob meine Sehnsucht angekommen ist
weiß ich nicht
sie ist noch ganz klein
trägt an einem grünen Band
einen Zettel um den Hals
darauf steht ihr Name

Sommertraum

Ein Eis aus der kleinen Bude
Stephansplatz, Ausgang Universität
die dem Antiquariat gegenüberliegt
wo es die schönen Lyrikbände gibt
(du weißt schon)
von dort sind es nur ein paar Schritte
dann bist du mitten im Grünen
Planten un Blomen
empfängt dich ein Bach gleich
der plätschert über steinerne Stufen
auf denen die Amseln sitzen
der Dammtorbahnhof könnte
die Silhouette einer Ritterburg sein
wir setzen uns an den Teich
schlecken das Eis
ziehen Schuhe
und Strümpfe aus
lassen die Zehen
ins Wasser baumeln
daran die Karpfen knabbern
schicken unsere Herzen
die Bäume hinauf
zu den Eichhörnchen
so ein Gefühl
(du weißt schon)

wie berauscht
als hätten sie
eine ganze Flasche Amarone
ins Amarena gekippt

Juli

es hängen
nebelgraue Wolken
der Wind
vergaß
sich aufzulehnen

es ragen Berge auf
von niemand
einzuschätzen
kein GipfelKreuz
hat vorgezeichnet

ein Sommer
der nicht
anzukommen weiß
was heißt das schon
dass Juli ist

Schauweg
Schauher
Schauhin
Schaupreise
Schaureise
Sommermitte
Regen
ohne nachzudenken
ohne nachzuglühen
Erdbeerfelder
knietief unter Wasser
wie die Reisterrassen
von Banaue

Ein kleiner Sonnentag.
Ich könnte ihn zusammenfalten und in
meiner Hosentasche verschwinden lassen.
Man weiß ja nie, ob man ihn nicht einmal
wieder wird gebrauchen können.
In einem besonders kalten Winter möchte er
sich als nützlich erweisen.

Als ich den Abhang hinunterlief, wusste ich
nicht, dass ich dir begegnen würde.
Ich blickte zu den ausdruckslosen Wolken
auf. Ich drehte mich um. Und sah in dein
Gesicht.
Da warst du. Du warst da.
Wie ein Holzschnitt, der aus einem alten
Buch gefallen war.

Es war ein Sommer

Gewitter
nach einem
heißen Tag
vor sich
die Komposition
des Regens
aus Träumen
an der Wasserwand
schneidet sie
ein Bild heraus
trägt es auf
Händen
bis es zerfließt
ihre Augen
verlieren
das Lied
des Sommers

Ich möchte im Kreis mich drehen
ich möchte dieses Geländer
hinunterrutschen
ich möchte malen können wie Diego Ribera

in die Sonne blinzeln
gegenüber
im Gold
mich spiegeln

drei lachende Mädchen
und ein kleiner Hund
die Gesichter der Kanalarbeiter
verzückt wie Cherubim

das weiche Gras
im gleichen Takt
mit meinen Erwartungen

wie Bienengesumm
im Tal der Elfen
weht ein Wind
erlöst sich das Märchen
eines Sonnentages

worin ich bin
ich
immer
bin

weil Mittag ist
sich der Himmel
von links nach rechts
anschaulicher noch
als ein Natterngelege
wie nackt und daneben
ein Blickfeld
aus Bienenkorbsummsel
als zöge Theater
sich aus
kalter Schatten
dreht sich ins Warmsüchtige
die Gegend
ein Schatz
schöner Bilder
die Luft
ist im Glück

Sind uns alles
gewesen
die Zeichen des Lebens
Fächer des Ginkgo
aneinandergedrängt
als fürchteten sie
den tiefen Fall in die
grenzenlose Phantasie
nach dem Vollmond erst
wenn die Luft
Hibiskus atmet
denken sich
Eselsbrücken

Sich wie eine Schildkröte fühlen.
Aufwachen.
Überprüfen, wie es geht mit dem
Vorwärtskommen.
Die Luft tief einatmen.
Es ist Sommer.
Es schwebt etwas in der Atmosphäre, das
nach einem Weiteren verlangt.
Auflösbar, allein, in Gedanken.

Feinheiten, die dem Auge entgehen.
Duftgewebe.
Spürbar, nachdem du sie aufgenommen,
nach Stunden noch.
Es sind Wärmegefühle, die deinen Panzer
bestrahlen, dich darinnen mit Wohligkeit
erfüllen.

Dazu kommt die Wärme der Farben.
Die Lichtgebäude, Lichtgebilde sind. Die
Welt heraklitisch verstanden.
Die werdende, die bewegte, die bewegende
Form = das Lebendige.
Die stete Wandlung des Lebens in
Augenblicken, die von ihrem ganzen Wesen
zeugen.

Schönheit an der Oberfläche zu erfassen,
ohne oberflächlich zu werden.

Einzudringen in die Tiefe eines blühenden
Gartens.
Mit malmendem Kiefer.
Zufriedenheit.

Vergiss nicht das Haus am Dünenrand, es
stammt noch aus der Epoche der
Schimmelreiter. Ganz still ist es dort, und der
Himmel duftet nach Verschwiegenheit.
Ein sandiger Wind kratzt auf meiner Haut mit
spitzen Fingernägeln, dass es wehtut,
doch ohne zu bluten.
Ich kann die Wolken knacken hören, sehe
einen Marienkäfer hinübergleiten in das
warme Glück eines Nachmittags.

Meine Augen verlieren sich ohne Begreifen,
doch mein Herz spricht wie ein Gedicht vom
Übermut aufgezogener Segel.

Wie es herumtreibt in meinen Augen
die grünen Gewässer ringsum
nur am Rand unterbrochen
ein Versuch
etwas klarer zu sehen
ohne Grund
wehen Blüten in Sommer Farben
wie Skalare hinter Scheiben
ihrer Buntheit wegen
viele Ablenkungen
treiben herum in meinen Augen
in der Ferne kündigt Gewitter sich an
Gedanken wollen unter Bäume
die ich nicht aufsuchen sollte
wärst du bei mir spricht das Schweigen
aus torkelnden Wolken
genau das denke auch ich

Im Hintergrund
ein Bogen voll Rosen auf
Unkraut verheimlichtem Weg
geräuschlose Schritte beschließen
die Nacht nicht allein auch
die Rosen vermissen den Mond

Sommerlandschaft mit Fluss
oder umgekehrt
Flusslandschaft mit Sommer
nur um der Bemerkung willen:
er kann es ja doch
es waren schließlich Regentage genug,
zuletzt
noch eine Biegung
dann den Kahn unter die Bäume lenken
im Schatten auspendeln lassen
die Strömung einberechnen
ja, so wird es gehen
die Sonne knallt nicht schlecht

Anerkennender Blick
dass es tatsächlich noch Libellen gibt
na ja, die werden wohl auch im Regen
fliegen
weiß es aber nicht wirklich

die fliegen, dass die Fetzen fliegen
bitte: nicht wörtlich zu nehmen

Es ist eine Stunde der Gemütsruhe jetzt
eine Form der Unpässlichkeit
das heißt: es werden keine weiteren
Schleusen passiert

Heitere Gelassenheit auf dem Lande
dabei: mitten in der Stadt, genau genommen
aber die Stadt weiß nichts davon

Es ist so leise, wisperleise
weil sie alle an der Ostsee
auf den Luftmatratzen schweben
schwebe ich hier

Schwingungen aufnehmend
oder auch Schwung holend
zum lyrischen Sprachgebrauch

Was braucht man denn?
Sich am Rauschen der Bäume erfreuen
am blühenden Leben und - Achtung!
einen Gedanken an die Liebe

zweifellos unabdingbar

der wird gehegt

so, und nun
zu den hohen, den höchsten Erkenntnissen
den erhabenen Eindrücken

allerdings
hier im Schatten
bei all dem Gesummse
und geschnattert wird auch

Ratlosigkeit
oh Welt
oh Seele
oh Drehung des Kahnes
spiraliges Gewelle

na: einmal ist keinmal
aber auch: das Keinmal führt notwendig ins
Einmal zurück
die Einmaligkeit der Sprache

aber
was rede ich da

Sehnsüchtig deine Augen
alles steht im Licht
wo gestern noch Blättergewirr
im strömenden Regen
eilen heute schillernde Käfer
unter dem Laub hervor
es riecht stundenlang
nach dampfenden Bäumen
zwischen den bunten Beeten
lange Reihen Buchs
wie früher in den Klostergärten
stehen Kräuter duften
nach Salat und Pizza
krause Minze schmeckt nach Rum
in Cocktailgläsern
an diesem gewöhnlichen Morgen
nach vielen verregneten Tagen
ist wieder Wärme immer noch
sommervolle Landschaft
steht alles im Licht

Wir spielen nicht
um die Hingabe der Sterne
in deinen Augen
vergrabenes Glück
zieht einen Trauervorhang
millimeterweise
nach rechts
dass die Herzwolke
an den Himmel gelangt
verklärt sich ein Abend
in zärtlicher Flora
verliert sich im
weißen CarreraGestein
eingekauert in Muschelhöhlen
rauschen Birkenwälder

Bargfeld

Au fein ---
mal wieder in die Heide
und dann ausgerechnet nach Bargfeld
nicht, dass ich mir was erwarte
außer zwei Bächen
die sich gluckernd ineinander ergießen

Dorfstraße: hohlwangig
nichts für Klinkenputzer
kein halber Mond möchte hier stranden

Muss mir mal überlegen, warum die Birken
da rumstehen
Oder doch lieber weitergehen?
Ganz in der Nähe soll es ein Schloss zum
Bräutetrauen geben
das würde ihm gefallen haben
Anlass für Poussierlichkeiten

Gespräch am Gartenzaun
sie denken immer noch, man wollte ihnen
die Milch wegholen

Eine Wandergruppe Thüringer
Wurstwarenverkäuferinnen
der Vokalität nach
so Stücker 40
oder wieviel der Reisebus verkraften konnte
sind meinem regnerisch verhauchten ,Moin!'
mit verhaltenem Mißtrauen begegnet

Aber die Heide blüht ja doch!
hat sich die Reise auf jeden Fall gelohnt

Weiterhin (und weithin) zu hören waren
1 Hahn und
1 Hund

Mir wurde (fernschriftlich) mitgeteilt
dass es sich um die halbe Besetzung
Bremer Stadtmusikanten handele

Ich argwöhnte einen mitleidigen Unterton
(hatte aber auch Mitleid verdient)

Den Part des Esels
hätte ein Pferd einnehmen können
dem man eine Zebradecke übergehängt
hatte

Katzen hielten sich bedeckt
scheuen bekanntlich auch den Regen

Hab ich noch was vergessen?
Ach, ja ...
drei Vögel flogen über mich hinweg
wahrscheinlich Riesengänse

die wollten von mir noch verbraten werden

Schwamm drüber
und nichts wie weg

Letzte Augusttage

Träge und verschlafen liegen die Gärten
obwohl später Vormittag
obwohl Wind
obwohl Himmel

So ganz viel braucht man ja nicht
um den Sommer verschwinden zu lassen

Stunden, in denen man wartet
Straßen und Häuser, die keine mehr sind
ich weiß auch gar nicht, ob es mich noch gibt

In der Nacht ist es die Sonne, die sich uns
versagt
am Tag sind wir uns selbst überlassen

Nimmer geht es zurück
die Bachstelzen laufen und laufen
bis der Klee sich rot zu färben beginnt

Dann aber nimmt die Krähe auf dem
Fahnenmast Platz
begutachtet die Sache
erklärt, dass noch keine Schwere in den
Wein zu gießen sei

Es ist ja auch noch genug Leichtigkeit
vorhanden
die Natur berauscht sich an Unsinnigkeiten
Bromberlikören und Pflaumenschnäpsen

Sogar die Radfahrer lächeln
zupfen sich das Trikot zurecht
wenn sie von einer hupenden
Hochzeitsgesellschaft überholt werden

Vorm Fenster, schief, die Grasnarbe
worüber ein Eichhörnchen huscht
den nächsten Baum suchend - husch, husch
ich rück mir den Kopf gerade

Vermeide aber meine sorgfältige Unordnung
zu berühren
die bleibt wie sie ist
ein wild blühender Mund, der zwischen den
Blumen schlummert
ein Eisbecher nach Art der Ewigkeit
oder auch Wörter, weitere Wörter
großblättrig wie eine Sommergeschichte
mit den Füßen im Wasser
Kopf nach oben

rotwangig ist noch der Sommermond